북즐 지식백과 시리즈 6

만화로 보는 북유럽 신화

박한별 지음

북즐 지식백과 시리즈 6
만화로 보는
북유럽 신화

펴 낸 날   초판 1쇄 2023년 1월 27일

지 은 이   박한별
펴 낸 곳   투데이북스
펴 낸 이   이시우
교정·교열   김지연
편집 디자인   박정호
출판등록   2011년 3월 17일 제307-2013-64 호
주   소   서울특별시 성북구 아리랑로 19길 86, 상가동 104호
대표전화   070-7136-5700   팩스 02) 6937-1860
홈페이지   http://www.todaybooks.co.kr
도서목록   https://todaybooks.wixsite.com/todaybooks
페이스북   http://www.facebook.com/todaybooks
전자우편   ec114@hanmail.net

ISBN 979-11-978920-3-5   07210

ⓒ 박한별

- 책값은 표지 뒷면에 있습니다.
- 이 책은 투데이북스가 저작권자와의 계약에 따라 발행한 것으로
  허락 없이 복제할 수 없습니다.
- 파본이나 잘못 인쇄된 책은 구입하신 서점에서 교환해 드립니다.

만화로 보는
북유럽 신화

박한별 지음

머리말

　이 책은 한국에서는 조금 생소한 〈북유럽 신화〉의 내용을 알기 쉽도록 만화로 풀어쓴 책입니다.
　처음 출판사에서 원고 청탁이 들어왔을 땐 솔직히 놀랐습니다. 이제까지 만화를 취미로만 그려왔기에 이런 작품을 제가 맡아도 되나 하는 생각부터 들었습니다. 그만큼 저에게는 새로운 도전이었고, 첫 도전이기에 더 완벽한 작품을 완성하고 싶었습니다. 캐릭터를 구상할 때도 이전에 그렸던 작품들과 많은 차이가 있어서 그 점을 보완하고 친숙하면서도 부담스럽지 않은 캐릭터들이 만들어지도록 다듬었습니다. 그러다 보니 예상했던 기간보다 더 많은 시간을 사용하게 되었습니다.

　〈북유럽 신화〉를 만화로 그리며 느낀 점이지만, 이 이야기가 〈북유럽 신화〉의 이야기였어? 라는 생각이 많이 들었던 것 같습니다.
　판타지 만화나 소설을 보다 보면 용이 금을 좋아한다는 이야기가 많이 나오곤 했는데, 이것도 〈북유럽 신화〉에서 나온 이야기라는 게 꽤 신기했습니다. 드워프(난쟁이)들의 이야기들도 이곳저곳에서 많이 들어봤지만, 그것이 〈북유럽 신화〉에서 기원한 이야기라는 것이 널리 알려지지 않아 안타깝단 생각을 했습니다.

　책을 준비하면서 북유럽 특유의 문화들을 접했고, 역시 지역에 따라 정서와 문화가 이토록 차이가 난다는 게 신기했습니다. 가령, 한국은 친구를 집에 데리고 왔을 때 밥을 차리면 꼭 친구의 자리를 만들어주지만, 북유럽의 경우는 자신이 먹을 것은 직접 준비하거나 재료를 들고 와야 한다는 점이 가장 인상 깊었던 것 같습니다.

이렇듯 〈북유럽 신화〉는 우리에게 가까우면서도 생소한 문화로 자리 잡고 있단 느낌이 들어 만화를 그리면서도 다들 이해하기 쉽고 지루하지 않았으면 하는 바람을 담았습니다. 만화라는 매체의 특성상 많은 내용을 담을 수 없어서 최대한 많은 내용을 넣어보려 노력한 만큼 모두가 즐겁고 유익하게 즐길 수 있는 책이 되었으면 하는 바람입니다.

이 책을 만들게 된 것은 정말 저에게 있어 매우 큰 도전이었고, 잘 마무리할 수 있게 되어 뿌듯하고 기쁩니다.

이 책이 나올 수 있도록 식자 작업을 도와준 지인분들, 곁에서 응원해 주신 부모님, 그리고 일 년이 넘는 기간 동안 함께해 주신 출판사 담당자께 감사의 인사를 드립니다. 정말 감사합니다.

2023년 1월
저자 박한별

목차

0 해와 달 . 021

1 신들의 보물 . 033

2 신들의 전쟁 & 성벽 . 047

3 로키의 자식들 . 055

4 프레이야의 결혼식 . 061

5 술과 시 . 071

6 토르의 여행 . 079

7 흐룽그니르와 토르 . 095

8 로키와 게이로드 . 101

9 불멸의 사과 . 109

10 게르드와 프레이 . 123

11 프레이야와 목걸이 . 133

12 니벨룽겐의 반지 . 147

13 히미르의 술독 . 161

14 발드르의 죽음 . 177

15 로키의 최후 . 195

16 라그나로크 . 209

삽화 출처 . 232

참고 문헌 & 참고 사이트 . 236

태초의 세상은 그 무엇도 존재하지 않았다.
이 빈 공간을 긴눙가가프Ginnungagap
(크게 벌려진 공동)라고 불렀다.

그 공허의
남쪽에는 불과

무스펠(Muspell): 모든 물체가
빛을 내며 타오르는 곳.
용암이 흐르고 있으며
수르트(Surtr)가 이곳에 존재한다.
그는 라그나로크가 일어나기
전까지는 이곳에서 벗어나지 않는다.

북쪽의 안개와 얼음만이
존재하고 있을 뿐.

니플헤임(Nifheim): 독액이 흘러넘치는
흐베르겔미르(Hvergelmir)라는 소용돌이
치는 샘에서 11개의 강이 파생되어 흐르며,
세상 만물을 얼려버릴 만큼 춥고 어둡다.
이 강은 긴눙가가프로 흘러들어간다.

〈아우둠라의 우유를 마시는 이미르〉 (1790)

북유럽 신화

북유럽은 북위 55도 이상의 위쪽으로, 무척이나 춥고 척박한 땅이었다. 과거 이곳에 살았던 이들은 바이킹이라 불리는 노르만족 사람들이었다. 북유럽 신화는 이들로부터 내려오는 신화이다.
이들이 살아온 척박한 환경은 이 신화의 중요한 요소로 자리잡았으며, 인간을 만든 신과 자연을 뜻하는 거인들의 이야기를 중심으로 전개된다.

긴눙가가프(Ginnungagap): 태초의 아무것도 없는 공허한 공간.
니플헤임(Nifheim): 긴눙가가프 북쪽에 있는 암흑의 땅.
　　독액이 흘러넘치는 흐베르겔미르(Hvergelmir)라는
　　소용돌이 치는 샘에서 11개의 강이 파생되어 흐르며,
　　세상 만물을 얼려버릴 만큼 춥고 어둡다.
　　이 강은 긴눙가가프로 흘러들어간다.
무스펠(Muspell): 모든 물체가 빛을 내며 타오르는 곳.
　　용암이 흐르고 있으며 수르트(Surtr)가 이곳에 존재한다.
　　그는 라그나로크가 일어나기 전까지는 이곳에서 벗어나지 않는다.
이미르(Ymir): 서리에서 나온 최초의 거인, 모든 거인의 어버이.
아우둠라(Audhumla): 마찬가지로 서리에서 나온 암소.
　　이미르는 아우둠라의 우유를 마시며 자랐다.
　　신의 조상을 세상에 나오게 만든 존재.
부리(Buri): 아우둠라가 세상에 나오게 만들어준 최초의 신.
오딘(Odin): 만물의 어버이.
　　물푸레나무와 느릅나무를 만들 때 숨을 넣어주었다.
베르겔미르(Bergelmir) 부부: 이미르의 죽음 후 살아남은 유일한
　　거인들, 이후 다른 거인들의 조상이 된다.
아스크(Ask)&엠블라(Embla): 물푸레나무와 느릅나무.
　　최초의 인간 남성과 여성.
난쟁이: 드워프. 구더기로부터 만들어진 존재, 손재주가 무척 좋다.

0

해와 달

해와 달은 생명이라면 꼭 필요로 하는 것이다.

마차를 만들까.

신들은 이 귀한 해와 달을 위한 황금마차를 준비했다.

좋아요.

멋지게 준비하죠!

그렇게 아르바크르 Arvakr와

알스빈 Alsvin 이라는 멋진 준마까지 준비를 했지만 신들은 고민에 빠졌다.

도대체 누가 저 마차를 끌까?

그러던 중 신들은 인간 문달파리 Mundilfari가

자신의 아들과 딸의 이름을 마니(Mani, 달)와 솔(Sol, 해)로 지었던 걸 알게 된다.

감히 인간이 해와 달을 사칭해?!

벌을 주자! 이건 모욕이야!

…그래. 그러면

마침 마차를 끌 인원도 필요했기에 그들에게 줄 벌로 마차를 끌라며 명한다.

한편….

왜, 우리는 저런 멋진 달과 태양이 없는 거야?!

쩌렁

쩌렁

북유럽 신화

북유럽 신화는 게르만 신화Germanic mytholgy에
속하는 이야기다.
이 신화는 바이킹으로부터 전해내려 왔으며
그들의 척박하고 거친 삶의 이야기들이 녹아들어 있다.
이들의 이야기는 에다Edda라는
시(고 에다)와 산문(신 에다)으로 전승되었다.

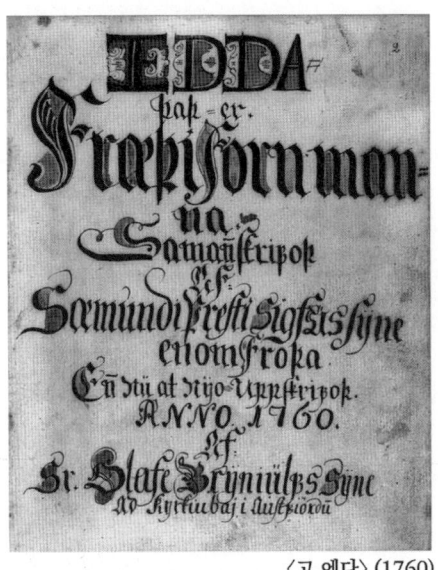

〈고 에다〉(1760)

〈신 에다〉(18세기)

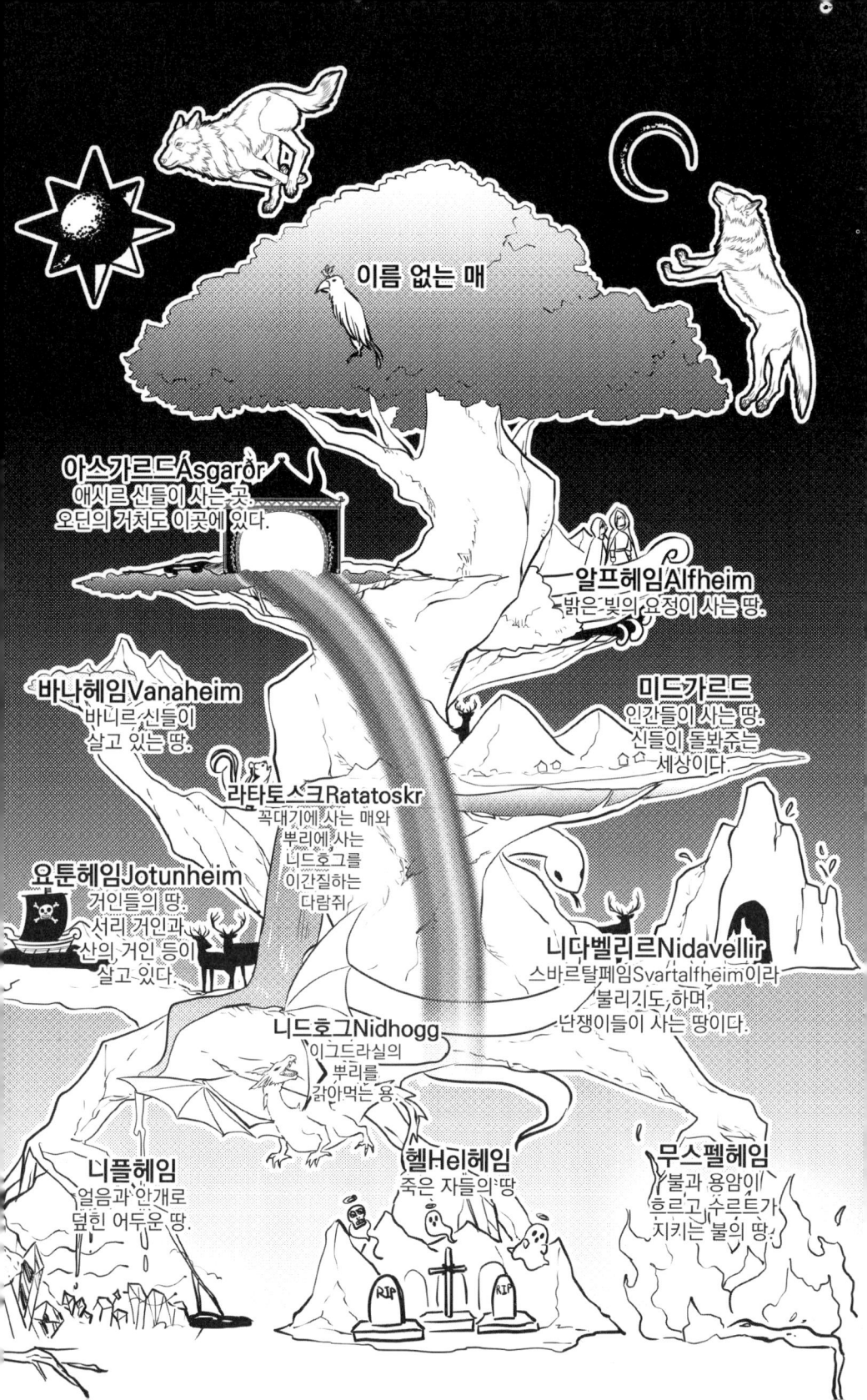

오딘

인간을 만들고 세상을 구축한 최고 신. 지식에 대한 갈망이 대단하여 지혜의 샘 미미르의 샘에 제 눈을 제물로 바치는 일을 서슴지 않고 한다. 블린드Blindr(눈이 먼 신), 호아르Hoarr(애꾸눈), 발레이그Baletg(불타는 눈) 이라는 별칭이 있다. 원하던 지식을 얻고 나니 저승의 지식도 탐이 난 오딘은 옆구리에 창을 꽂은 후 9일간 이그드라실에 거꾸로 매달려 식음을 전폐하는 기행을 벌이기도 한다. 그로 인해 룬을 이해하게 되고 명실상부 최고신이 된다.

로키

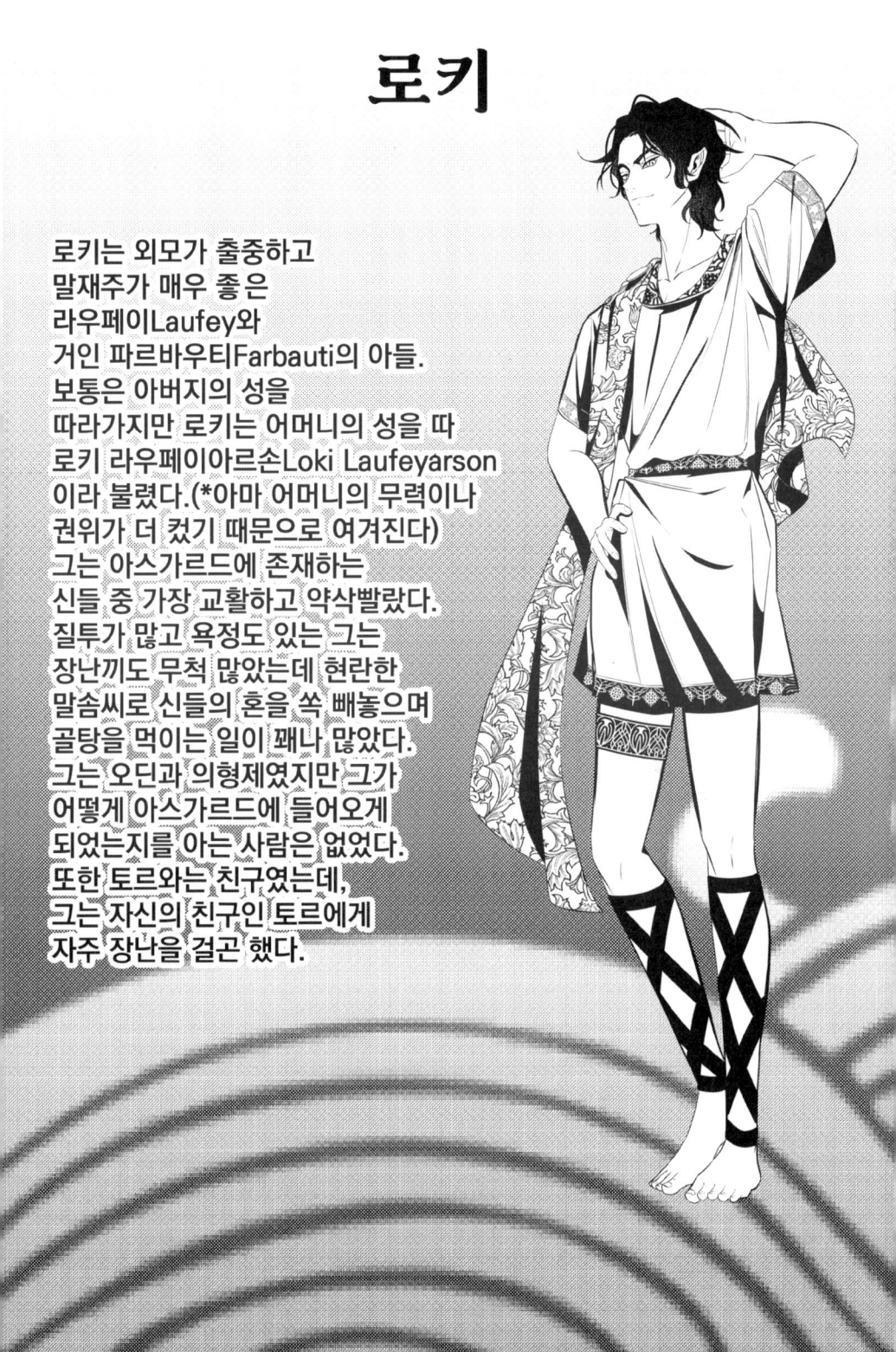

로키는 외모가 출중하고
말재주가 매우 좋은
라우페이Laufey와
거인 파르바우티Farbauti의 아들.
보통은 아버지의 성을
따라가지만 로키는 어머니의 성을 따
로키 라우페이아르손Loki Laufeyarson
이라 불렸다.(*아마 어머니의 무력이나
권위가 더 컸기 때문으로 여겨진다)
그는 아스가르드에 존재하는
신들 중 가장 교활하고 약삭빨랐다.
질투가 많고 욕정도 있는 그는
장난끼도 무척 많았는데 현란한
말솜씨로 신들의 혼을 쏙 빼놓으며
골탕을 먹이는 일이 꽤나 많았다.
그는 오딘과 의형제였지만 그가
어떻게 아스가르드에 들어오게
되었는지를 아는 사람은 없었다.
또한 토르와는 친구였는데,
그는 자신의 친구인 토르에게
자주 장난을 걸곤 했다.

토르

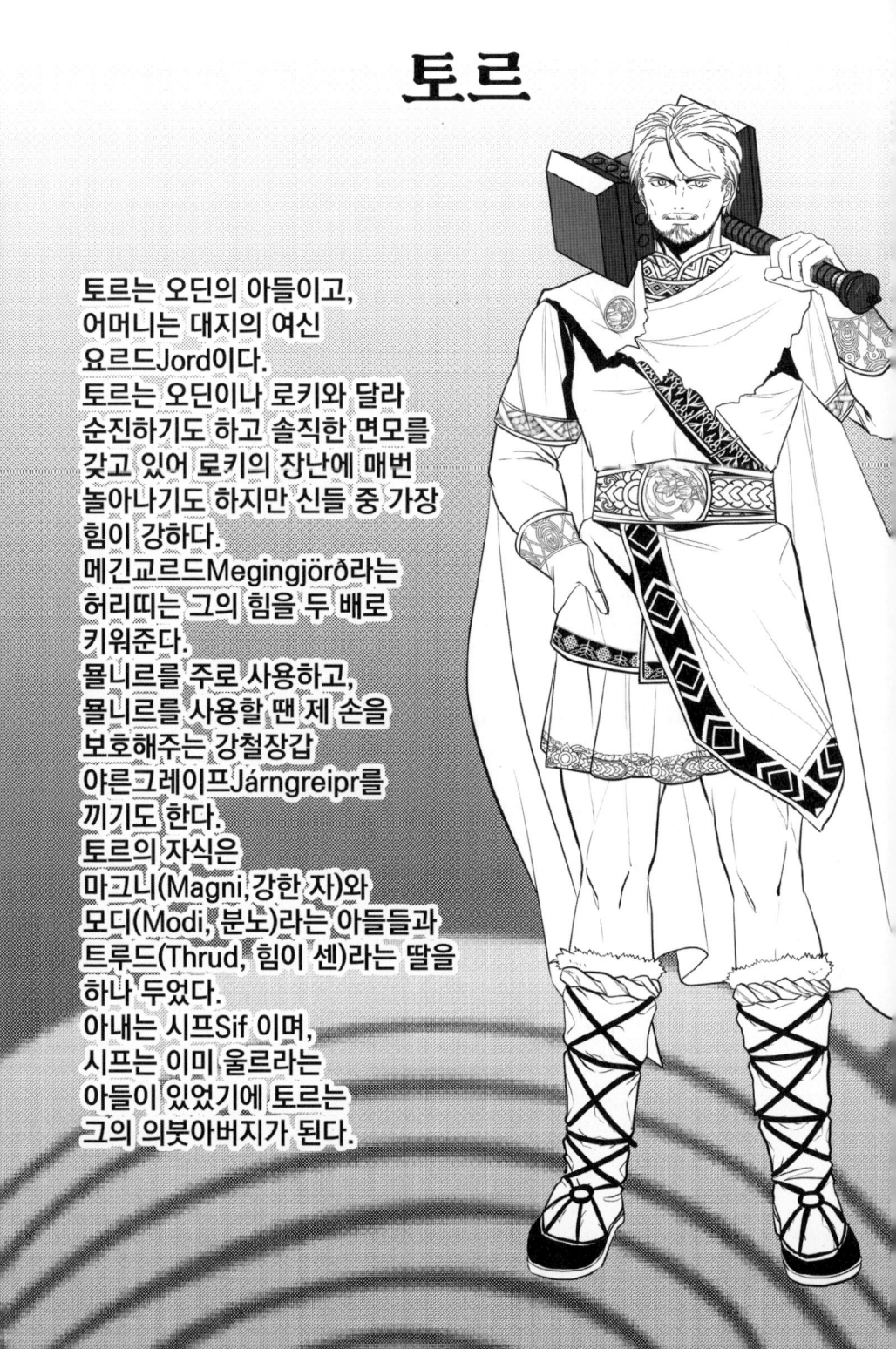

토르는 오딘의 아들이고,
어머니는 대지의 여신
요르드Jord이다.
토르는 오딘이나 로키와 달라
순진하기도 하고 솔직한 면모를
갖고 있어 로키의 장난에 매번
놀아나기도 하지만 신들 중 가장
힘이 강하다.
메긴교르드Megingjörð라는
허리띠는 그의 힘을 두 배로
키워준다.
묠니르를 주로 사용하고,
묠니르를 사용할 땐 제 손을
보호해주는 강철장갑
야른그레이프Járngreipr를
끼기도 한다.
토르의 자식은
마그니(Magni, 강한 자)와
모디(Modi, 분노)라는 아들들과
트루드(Thrud, 힘이 센)라는 딸을
하나 두었다.
아내는 시프Sif 이며,
시프는 이미 울르라는
아들이 있었기에 토르는
그의 의붓아버지가 된다.

〈이그드라실〉 (1680)

〈프리그와 오딘, 그리고 토르〉 (1555)

요일의 유래

일요일과 월요일은 서로 해와 달을 의미한다.
우리나라의 경우는 음양오행에 따라 결정되었지만,
이들은 음양오행이 아닌, 신들의 이름에서 유래했다.

화요일Tuesday: 법의 신 티르Tyr의 날.
수요일Wednesday: 최고신 오딘Odin,
　　　　　　　　오딘의 다른 이름 보탄Wotan의 날.
목요일Thursday: 오딘의 아내 프리크Frigg의 날.
토요일Saturday: (로마신화)농업의 신 사투르누스Saturnus의 날.

이렇듯, 요일에는 북유럽 신화의 신들의
이름이 녹아들어 있는 것을 알 수 있다.

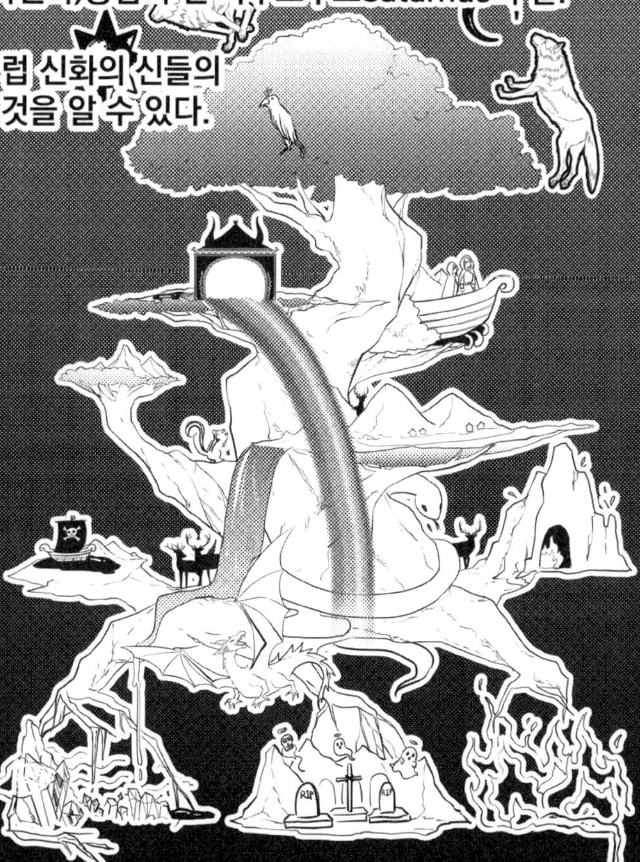

I

신들의 보물

이대로라면 죽는단 생각이 든 로키는 브로크의 눈을 아주 강하게 물어
피까지 흘리게 했지만, 그는 풀무질을 멈추지 않았다.
윽!
아야!
마음이 급해진 로키는 더욱더 강하게 물었다.
그 고통에 결국 브로크는 풀무에서 손을 놓치고 말았고,
로키는 유유히 도망을 간다.
큰일이야… 마지막에 온도가 변해서 완벽하지 못해.
미안해 형. 내가 좀 더 잘해야 했었는데.
이봐~
작업은 잘 되어가나?
브로크는 왜 그리 다쳤어?
그들을 훌륭히 방해한 로키가 원래의 모습으로 와 그들을 약 올렸다.
당신의 머리를 가져갈 그날을 기다리겠습니다. 그러면 당신도 다신 모르는 일이라는 말 같은 건 하지 못하겠죠.
삐질…
하하, 그래. 그날을 기다리지. 물건은 제대로 들고 오라고~

브로크와 에이트리는 최고신 오딘마저 로키의 편을 들자 고민하다 한 가지 제안을 하게 된다.

한 가지 요청 드려도 될까요?

소곤소곤...

음? 그 정도라면 괜찮겠지.

오딘의 허락이 떨어지자 브로크는 가죽을 꿰매는 바늘과 실을 꺼내 들었다.

브로크는 로키의 입을 꿰매어버리곤 만족한 듯 돌아갔다. 로키는 자기 입이 꿰뚫린 것보다 말을 못 하게 된 것을 답답해했지만 어쩌랴. 이 모든 것은 그의 장난으로부터 시작된 것이었으니. 겸허히 받아들이는 수밖에.

이렇듯 로키가 장난을 많이 치긴 하지만 신들에게 도움을 주는 경우도 있기에

〈묠니르를 만드는 두 난쟁이〉 (1902)

# 2

신들의 전쟁 & 성벽

그로부터
1년 후

로키는 어디선가 다리가 8개 달린 세상에서 가장 뛰어난 말 슬레이프니르Sleipnir를 데려와 오딘에게 선물한다.

이 말.
엄청 잘
달려.

대신 잘
돌봐줘야 해?

...그 말은 당연하게도 로키의 자식이었지만 로키의 보복이 두려웠던 신들은 그 누구도 입을 열지 못했다고 한다.

훌쩍...

3

로키의 자식들

로키의 자식들

로키는 잘났다.

자기중심적이고 이기적이긴 했지만 머리가 좋은데다 잘생기기까지 했다.

로키는 시긴Sigyn과 결혼했는데, 나르피Narfi와 발리Vali라는 아이도 있었다.

하지만 한 군데에 오래 있는 걸 힘들어한 로키는 아이들을 두고 자리를 비울 때가 많았다.

그렇게 떠나기를 3번, 그 마지막 날에 오딘은 로키를 불렀다.

로키→✱

로키, 너에게 새로운 자식 3명이 있단 걸 안다. 데리고 와라.

로키는 대답하진 않았지만 오딘은 신들을 시켜 세 아이를 데려오라 명한다.

앙그르보다Angrboda와 로키 사이에 태어난 세 아이가 멸망을 불러올 것이다.

사실 오딘은 운명의 세 여신에게 불길한 예언을 들었던 것이기에 그들을 부른 것이었다.

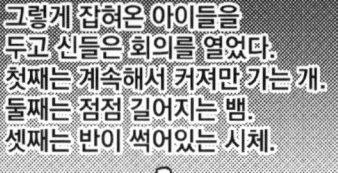

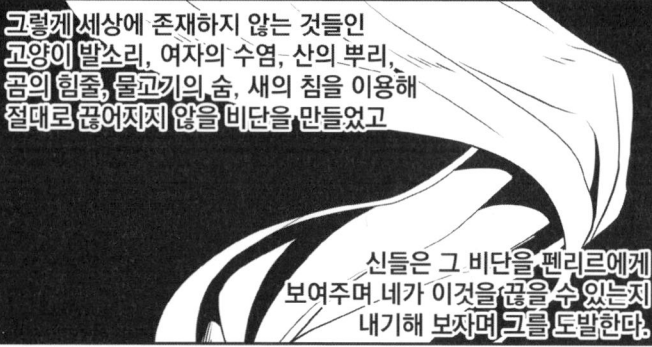

그의 침이 강이 되고 어둠의 호수까지
흘러갔지만, 신들은 그저 성가신 일을
멋지게 해결했다 좋아하며 떠나갔다.

펜리르가 자신들에게
저주를 퍼부을 때,
그의 가장자리에 있던
신 중 한 명이 검을 꺼내
펜리르의 입에 찔러 넣는다.

모두가 화기애애했지만
단 한 명.

티르만은 웃지 못한 채
그들을 따라갈 뿐이었다.

4

프레이야의 결혼식

〈프레이야로 변장한 토르와 로키〉 (1893)

5

술과 시

6

토르의 여행

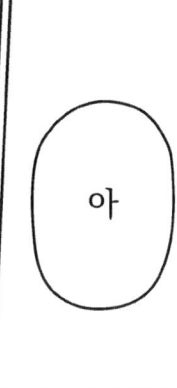

토르의 실패에 거인들이 안타까워하며 측은하게 바라보자 거인의 왕이 토르에게 고양이를 들어보라 말해본다.

토르는 그 정도는 당연히 가능하다며 호언장담했지만 고양이가 어찌나 무거운지, 다리 하나를 들어 올리는 게 고작이었다.

그래. 자네들은 소인이니 고양이를 드는 게 힘들 수도 있지

어디선가 굉음이 들린 듯도 했지만 거인 왕의 목소리가 더 컸기에 토르 일행은 그 말에 귀를 기울인다.

그렇다면 여기에 있는 엘리와 겨뤄보게나. 종목은 씨름으로.

...그래. 한번 붙어 보도록 하지.

토르는 자신이 노파와 겨뤄야 한다는 사실이 자존심 상했지만 이제까지의 결과를 무시할 수 없었기에 받아들인다.

토르는 갖은 노력을 했지만, 엘리를 들어 올릴 수도, 쓰러뜨릴 수도 없었다. 하지만 엘리는 토르를 짓눌러 한쪽 무릎을 꿇게 했다.

완벽한 토르의 패배였다.

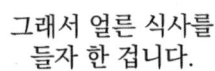

〈고양이를 들고 있는 토르〉 (1872)

〈토르의 예견된 죽음〉 (1895)

7

흐룽그니르와 토르

결전의 날

흐룽그니르는 돌로 만든 방패를 앞세운 후 언제든 던질 수 있도록 숫돌을 쥐고 있었다.

흐룽그니르는 내가 맡는다! 티알피 너는 진흙 인형을 상대해!

염소 마차를 끌고 온 토르는 티알피를 데려왔고, 전투태세를 갖추고 있던 흐룽그니르를 발견하자마자 묠니르를 집어던진다.

강력한 무기 묠니르는 흐룽그니르의 숫돌을 빠르게 깨부수고 그의 머리로 직격해 즉사하게 만든다.

악!

으악!

숫돌 조각

으악! 무거워! 못 움직이겠잖아!

한편, 티알피는 진흙 인형을 상대하는데 늙은 암말의 심장을 사용해서일까, 겁에 질렸던 진흙 인형은 티알피의 도끼를 피하지 못하고 한방에 즉사한다.

흐룽그니르의 숫돌 조각이 머리에 박힌 토르는 마차에서 떨어졌고, 그 위로 흐룽그니르의 발이 떨어져 옴짝달싹 못하게 된다.

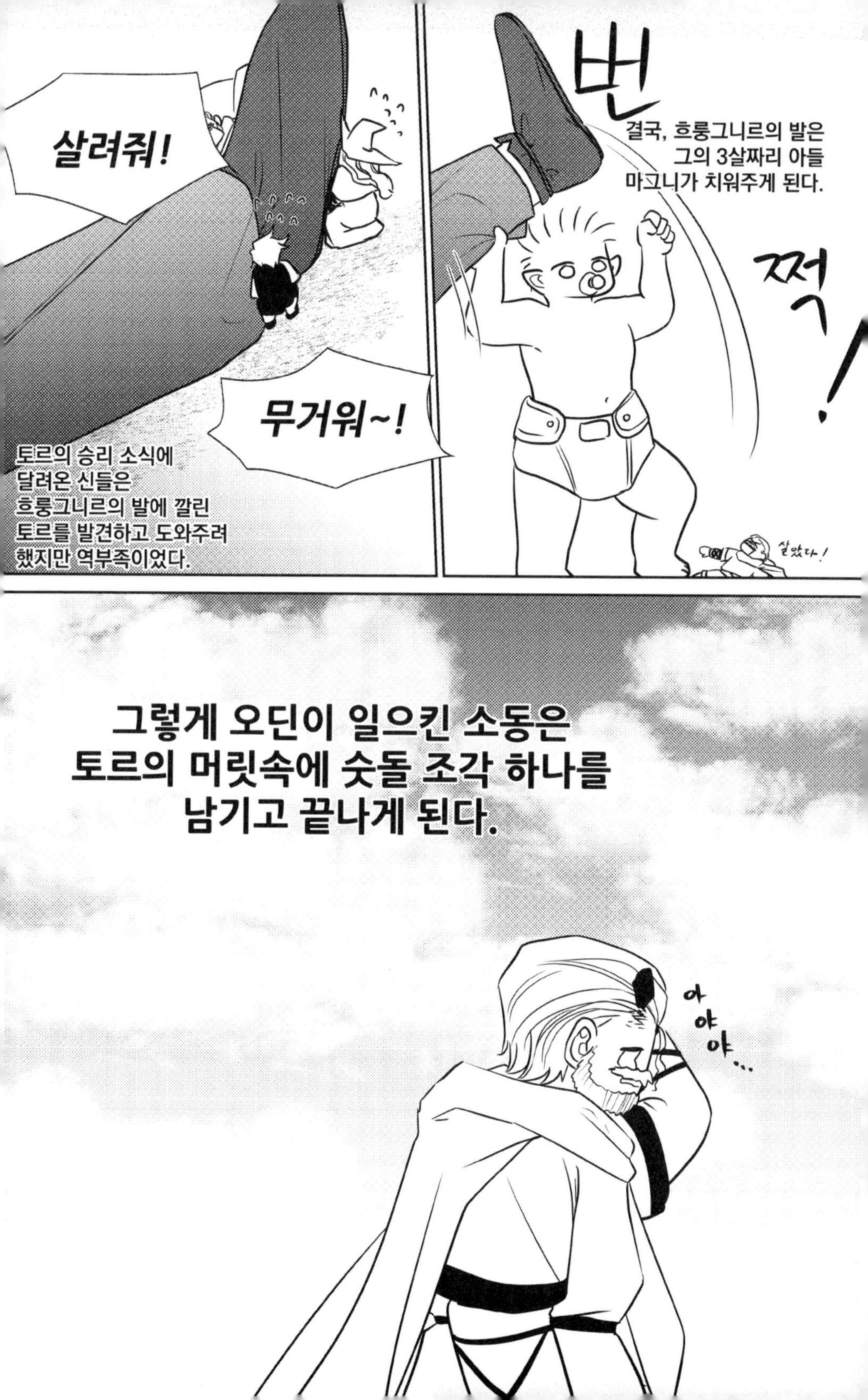

8

로키와 게이로드

죽어라 토르!!

그리드에게 무기를 안 받았더라면 큰일 날 뻔했군!

하지만 토르는 장갑을 낀 손으로 붉게 달아오른 쇠공을 받아들고는 화가 난 얼굴로 주변을 살폈다.

그 얼굴이 어찌나 무서웠던지

거기냐!!!

게이로드는 토르가 도착하자마자 인사를 하듯 붉게 달아오른 쇠공을 그에게 던진다.

게이로드는 기둥 뒤로 숨어버린다.

얼른 숨긴 했지만 게이로드는 금방 토르에게 발각되고 만다. 화가 머리끝까지 난 토르는 그를 향해 쇠구슬을 던졌고,

토르가 던진 쇠구슬은 쇠기둥을 뚫고 게이로드의 가슴을 통과해 버린다. 그것으로는 화가 가라앉지 못한 토르는

자신을 염소 우리로 안내한 숨어있던 하인들까지 모조리 없애고 나서야 숨을 돌린다.

9

불멸의 사과

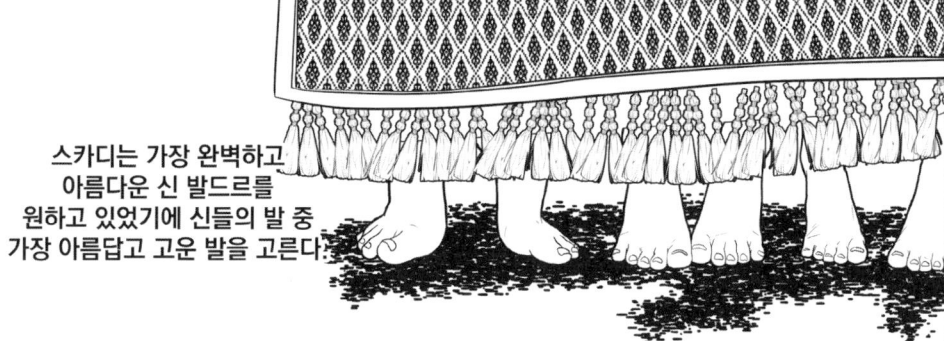

그렇게 세 번째 소원마저 로키의 열연으로 이루어졌다.

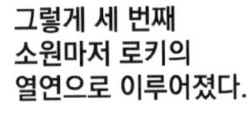

신들의 노력으로 스카디는 화를 풀고 그들을 용서하기로 마음먹는다.

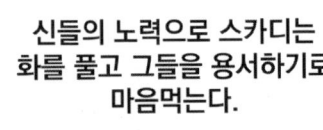

그런데 다른 문제가 나타났으니…

스카디가 사는 곳은 너무도 춥고 끝없는 얼음 암벽과 눈보라가 이는 요툰헤임이었고,

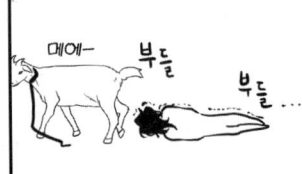

뇨르드가 사는 곳은 짠 내 가득하고 따뜻한 바닷가였다.

그러나, 스카디를
잊지 못한 뇨르드는
가끔 스카디를 만나러 왔고,
그런 그를 만날 때마다
얼음장같던 스카디의
마음은 녹아내렸다.

이것을 보고 사람들은
혹독한 얼음산이 따뜻해질 때로
비유하기로 했다고 한다.

10

게르드와 프레이

지금 프레이 님은 우연히 당신의 모습을 본 후, 당신의 아름다움에 마음이 빼앗겨 지독한 상사병을 앓고 있습니다. 며칠을 식음 전폐 중이시죠.

어머…
발그레…

친지!

당신이 없으면 하루도 견디기 힘들다며 잠도 못 이루고 계십니다. 그는 아시다시피 무엇 하나 모자라지도 않고 뛰어난 신으로……(중략)

알겠어요. 그에게 허락한다고 전해주세요.

스키르니르의 장황한 설득에 게르드는 결국 마음을 허락하고 결혼식은 바리Barri 섬에서 열자고 한다.

감사합니다!!

꾸벅~

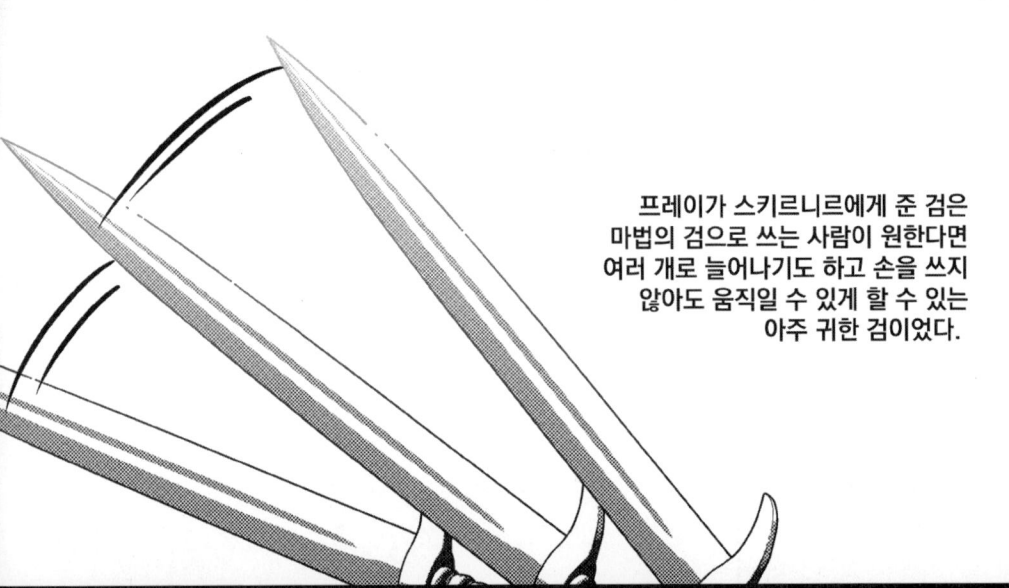

프레이가 스키르니르에게 준 검은 마법의 검으로 쓰는 사람이 원한다면 여러 개로 늘어나기도 하고 손을 쓰지 않아도 움직일 수 있게 할 수 있는 아주 귀한 검이었다.

〈프레이의 상사병〉 (1908)

11

프레이야와 목걸이

꼬불거리는 샛길을 따라 한참을 내려가자 안에서는 망치질 소리가 들려왔다.

그곳엔 알프리가AlFrigga, 드발린Dvalin, 베를링Berling, 그레르Grerr라는 난쟁이들이 일하고 있었다.

그러던 중, 프레이야의 눈에 굉장히 아름다운 목걸이가 눈에 띄었는데.

이봐요. 황금이라면 얼마든지 드릴 테니 이 목걸이를 내게 줘요.

어머, 이건 사야 해!

프레이야는 그 목걸이에 한눈에 반하고 만다.

"…알겠어요.
그렇게 할게요."

"그래,
탁월한 선택이야!"

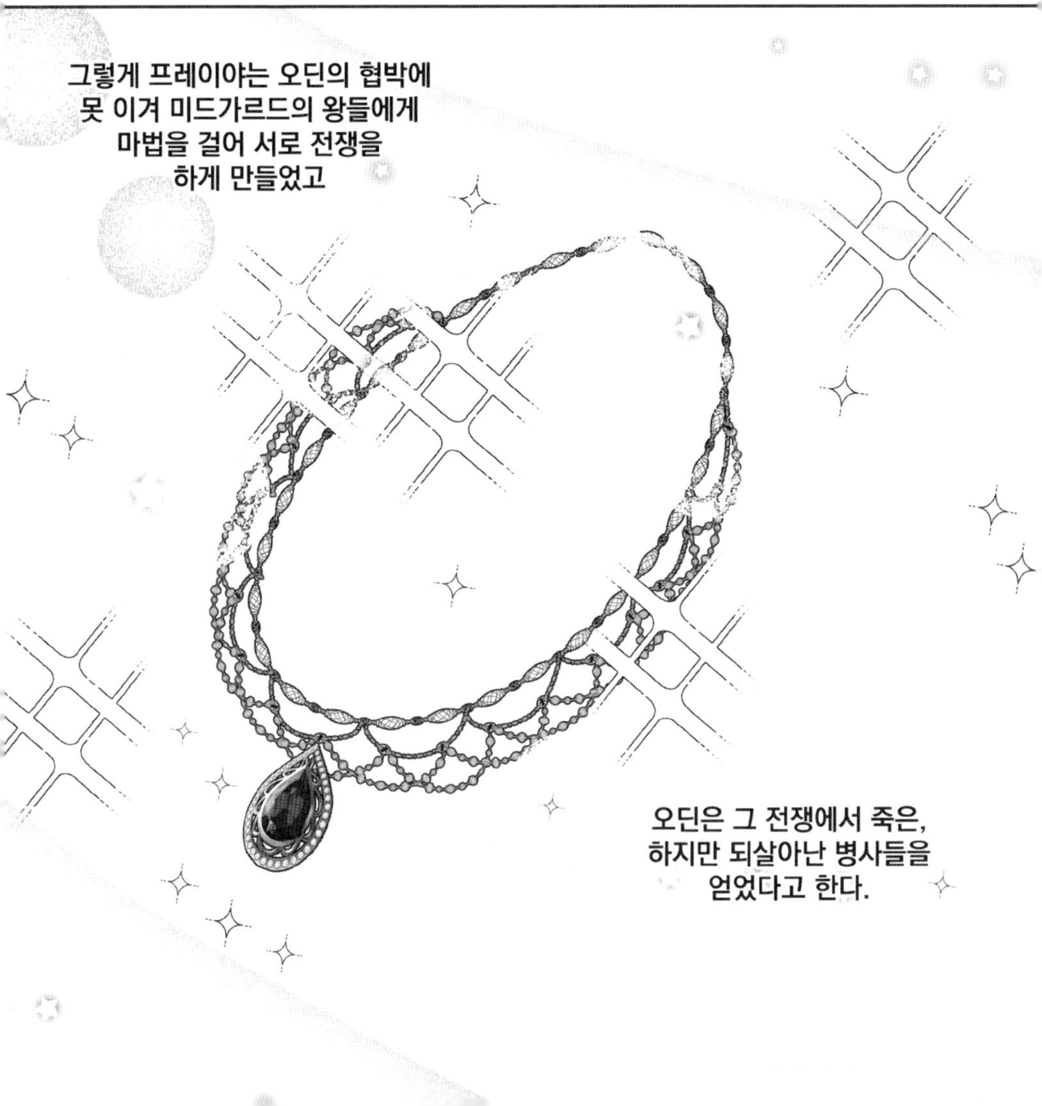

그렇게 프레이야는 오딘의 협박에
못 이겨 미드가르드의 왕들에게
마법을 걸어 서로 전쟁을
하게 만들었고

오딘은 그 전쟁에서 죽은,
하지만 되살아난 병사들을
얻었다고 한다.

〈프레이야와 난쟁이〉 (1891)

발할라Valhalla

〈발할라〉 (1909)

발할라Valhalla
아스가르드에 있는 죽은 전사들의 궁전이다.
죽은 전사들은 오딘의 발키리Valkyrie가
데려오기도 하며, 평소에는 연회를 즐기기도 한다.

12

니벨룽겐의 반지

겨울이 끝나갈 무렵
오딘과 로키, 회니르는
여행을 떠난다.
부들
추워!
그들은 비프로스트를
건너 미드가르드로
향하던 중 눈보라를
한차례 맞았고,
부들
배고파!
미드가르드에 도착하니
굉장히 배가 고파졌다.
저기
수달이 있구나!
저걸 먹자!
?!!
좋아!
얼른
잡아먹자고!
너무나도 배가 고팠던
로키는 얼른 돌을 주워 던졌고,
수달은 그 돌에 맞아 즉사하고 만다.
휘익
아싸!
저 수달이
먹으려던
연어까지
얻었다!
저기에 집이
보이는데…
먹을 것도
구했으니 이젠
잘 곳이
꼬르륵
그러게.
먹을 건 충분한데
잘 곳이 없네.
신들은 잠을 청할 곳을
둘러보다 한 농가를
발견하게 된다.

〈금화를 지키는 파프니르〉 (1911)

13

히미르의 술독

그거라면…

저희 양부모님의 집에 있을 것 같아요. 다들 아시다시피, 제 부모님은 거인이시니까요.

쳇!

그런 게 있다면 내가 같이 가도록 하지!

좋습니다. 그렇지만 이름은 숨겨야 할 것 같아요. 거인은 당신을 무서워하니까요.

그래. 그렇게 하지.

그렇게 토르는 베우르Veur라는 가명으로 소개하기로 하고 티르의 부모님 집으로 향했다.

오랜만입니다 할머님. 이 친구는 베우르라고 합니다.

그래, 잘 놀다 가렴.

안녕하십니까. 베우르입니다.

히히

하하, 고래 2마리나 잡아버렸네. 어떻소? 내 실력이?

히미르가 자랑하듯 말하자

히미르는 낚시를 시작하고 얼마 가지 않아 고래 2마리를 한 번에 잡아 올린다.

토르는 이번엔 자신이 낚시를 하겠다 한다.

휘익!

으악!

이거 왜 이래!??

그런데, 그러자 갑자기 파도가 거칠게 일기 시작했다.

그 거친 파도를 뚫고 나온 건 로키의 아들, 요르문간드였다.

요르문간드를 잡으려면
위장이고 뭐고,
때려잡아야 한다
생각한 토르가
묠니르를 꺼내 들었다.

한참의 싸움 후, 요르문간드는
입가의 살점을 뜯기며
저 멀리 도망쳐버렸다.

그런 장면을 목격한
히미르는 공포에 질려
집으로 오는 내내
입을 뗄 수 없었다.

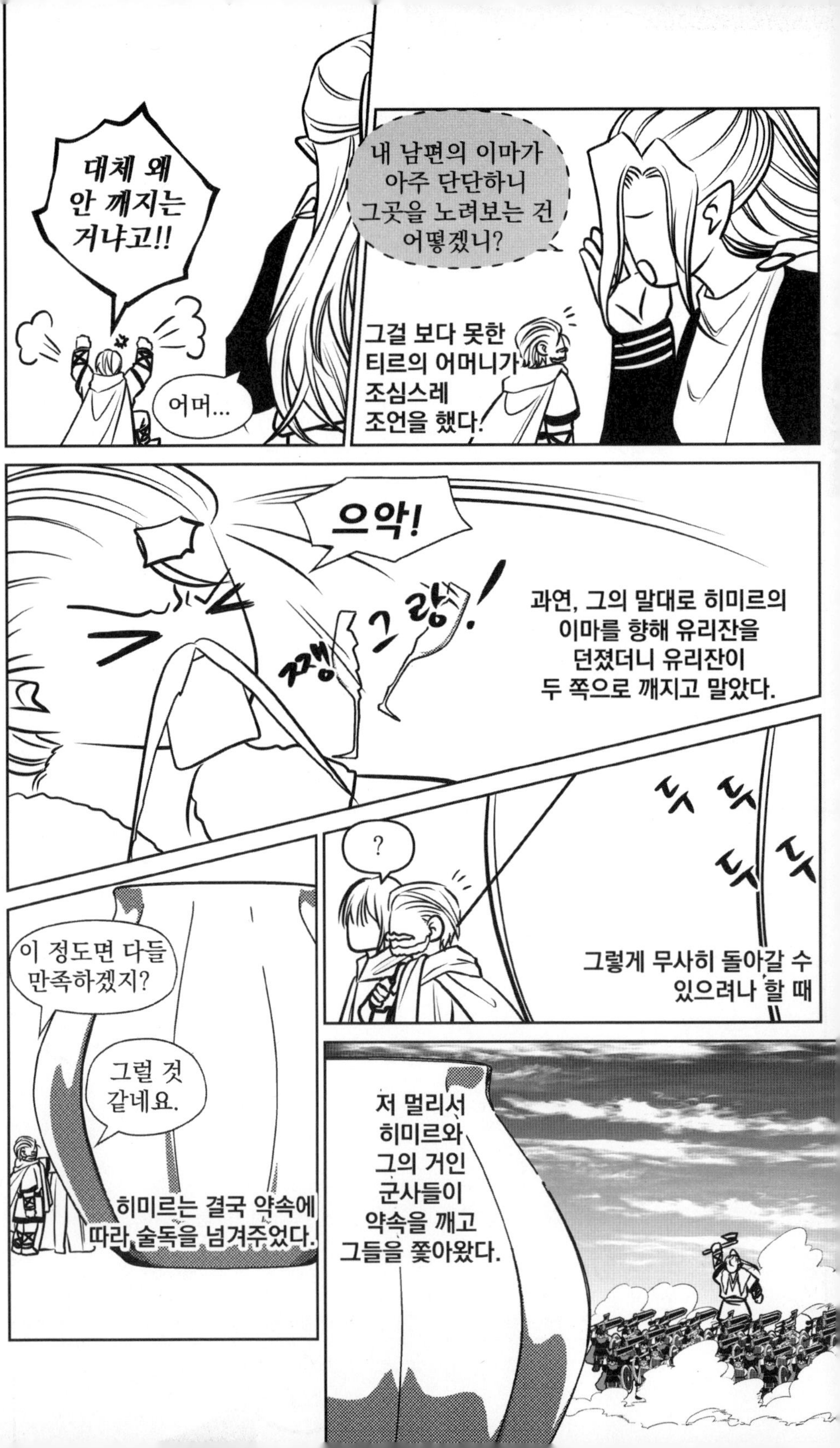
대체 왜 안 깨지는 거냐고!!
어머...
내 남편의 이마가 아주 단단하니 그곳을 노려보는 건 어떻겠니?
그걸 보다 못한 티르의 어머니가 조심스레 조언을 했다.
으악!
쨍그랑!
과연, 그의 말대로 히미르의 이마를 향해 유리잔을 던졌더니 유리잔이 두 쪽으로 깨지고 말았다.
이 정도면 다들 만족하겠지?
그럴 것 같네요.
히미르는 결국 약속에 따라 술독을 넘겨주었다.
?
두두
두두
그렇게 무사히 돌아갈 수 있으려나 할 때
저 멀리서 히미르와 그의 거인 군사들이 약속을 깨고 그들을 쫓아왔다.

몰려오는 전사들의 모습에 결국, 토르와 티르는 힘을 합쳐 싸워나갔다.

카앙!

채앵!

다행히도, 토르는 신들 중 가장 강한 신이었고, 티르는 전쟁의 신이었기에

그들은 승리를 얻을 수 있었고, 그렇게 무사히 아에기르의 집으로 향하게 된다.

별것도 아닌 것들이 귀찮게 하고 있어.

그러게요. 양아버지도 참 어리석죠.

탁 탁

술에 미친 작자들이 기어이 이걸 들고 오네!

돌았어 정말!

자.
여기 약속대로 세상에서 가장 크고 단단한 술독이오.

오술술...

헉

그저 무례한 신들을 골탕 먹일 생각이었던 아에기르는 꼼짝없이 술을 빚게 된다.

아에기르Ægir

〈아에기르Ægir〉 (1901)

해양 생물들의 왕이자 바다의 신이며
바다의 궁전에서 연회를 열고 술을 빚는 신.
피마펭과 엘디르라는 시종을 두고 있다.
신 에다 중 시어법에서는 거인 흘레르Hlér와
동일 인물로 여기고 있다.

〈문 앞에 선 낯선 이, 오딘〉 (1908)

〈펜리르의 입을 찢어 죽이는 비다르〉 (1908)

14

발드르의 죽음

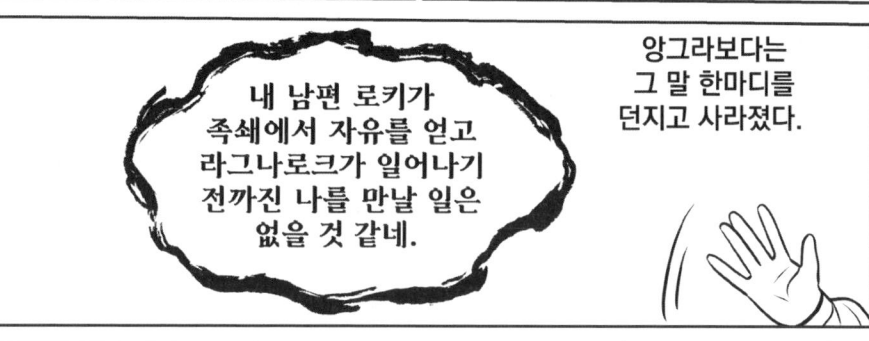

저게…!

네가 참아!

그 말에 발끈한 토르는 망치를 휘두르려 했지만 다른 신들이 막아섰다!

그런 와중에 제 남편 발드르를 배에 떠나보내던 난나는 너무도 큰 슬픔에 심장이 파열되어 남편의 뒤를 따르게 되었다.

커헉!

난나!

히이잉!!

발드르의 말 또한, 발드르의 죽음에 슬퍼 날뛰다 하인의 손에 눈을 감게 되어 발드르의 배에 실리게 된다.

그렇게 발드르와 아내 난나, 그의 애마가 실린 배에 추모 행렬이 몰려들었는데 그곳엔 신뿐 아니라 난쟁이와 거인들도 몰려왔다.

오딘은 자신의 황금 팔찌를 배에 올렸고, 다른 이들도 뒤따라 귀한 물건들을 함께 올려 그를 추모한다.

발드르를 떠나보내기 전 오딘은 그의 귓가에 무언가를 말했지만 발드르 외엔 그 누구도 그 말을 듣지 못했다고 한다.

소곤소곤…

그렇게 발드르를 태운 배에는 불이 붙은 배가 수평선 너머로 사라졌고 신들은 그의 죽음을 추모했다.

발드르는 생명을 뜻했고, 빛을 의미했기에 그의 죽음은 생명의 끝을 의미한다 해 다들 슬픔에 잠겨 그를 추모했다고 한다.

한편, 헤르모드는 9일 밤낮을 달려 니플헤임에 도착해 죽은 자들이 건너야 하는 강 갈레르Gjaller River에 도착하게 된다.

그곳을 지키고 있던 모드구드Modgud라는 여인이 있었는데, 그는 바로 헤르모드가 죽은 자가 아님을 간파한다.

너는 죽은 자도 아닌데, 여기에는 왜 왔지?

〈애시르의 몰락〉 (1882)

15

로키의 최후

로키가 자리에 앉자 다시 신들은
자신의 공훈을 자랑하기 시작했다.
웃기고 있네.
이미 기분이
상해 있던 로키는
신들의 공치사가
아주 아니꼬웠다.
프레이야. 넌
난쟁이들과 그런 관계인
주제에 그렇게 고귀한 척
하는 게 부끄럽지도 않나?
다, 당신이
어떻게 그걸?!
?!
?!!
이둔, 너도
마찬가지지.
넌 네 오라비를 죽인
살인자를 감싸돌았지.
그렇게 착한 척하고
싶었어?
오딘, 너는 인간들을
억지로 전쟁이 나도록
유도했지. 그렇게 병사가
늘어나니 좋기도 하겠다.
크흠!
로키는 그동안 쌓였던걸 풀겠다는 듯,
신들을 하나하나 짚어가며
모두를 모욕했다.
프리가. 당신은 오딘이 지식을
갈구하기 위해 나뭇가지에
매달려있는 동안 오딘의 형들과
바람을 피웠지.
아, 헤임달.
넌 쉴 새 없이 밤새
긴장하며 오지도 않을
종말이나 걱정하고 있지.
그런 걸 기우라고 하는 거야.
아, 넌 그런 말도 모르려나?

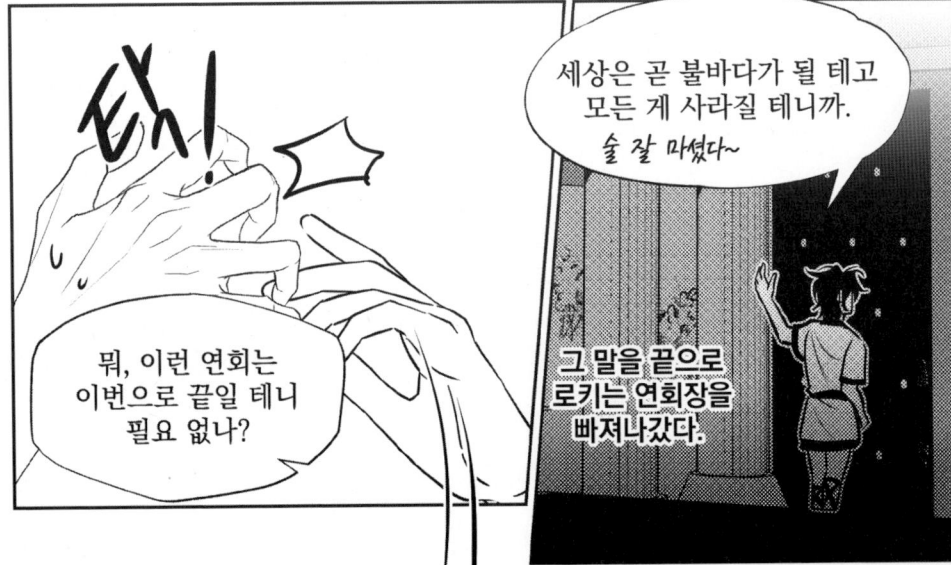

그리고 로키의 아내
시긴을 데려와 그 모든 것을
옆에서 지켜보게 만든다.

아악! 아악! 아악! 아악!

로키…!

… 오딘,
내 남편을
돌보는 걸
허락해
주겠어요?

신들은 시긴에게
그 모든 걸 보게 만들고는
그제야 자리를 뜬다.

그 정도는
알아서 하시오.

그릇이 가득 찰 때마다 비우러 자리를 뜰 수밖에 없었는데

시긴은 맹독이 로키의 얼굴로 떨어질 때마다 그릇을 가져와 독을 받아주었다.

그럴 때마다 로키는 비명을 지르며 발버둥을 쳤다.

으아아아악!

미드가르드 사람들은 이 로키의 비명과 몸부림이 지진이라고 생각했다고 한다.

우르릉

사르릉

〈파멸할 운명의 신들〉 (1882)

# 16

라그나로크

3년간의 끔찍한 전쟁이 시작되고

쟁 으악! 챙챙 크윽 챙!

아들이 아버지를 해하고

크윽

남편은 아내에게 버림받고

어머니와 딸은 서로를 등지고

누나...
동생아...

가족끼리 근친상간을 하는 일들도 벌어졌다.

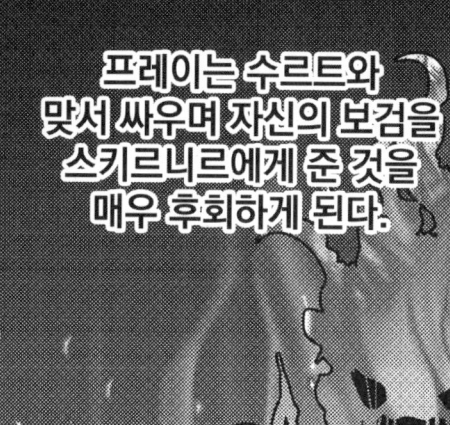

프레이는 수르트와 맞서 싸우며 자신의 보검을 스키르니르에게 준 것을 매우 후회하게 된다.

그 보검을 그때 주지 말걸!

치열한 싸움 끝에 보검을
스키르니르에게 넘긴
프레이가 가장 먼저
쓰러졌고,

오딘은
펜리르에게
통째로 먹히고 만다.

아버지!!!

그 모습에 오딘의 아들 비다르는
펜리르의 위턱을 찢어 죽이며
복수를 한다.

세상의 종말 이후,
오랜 세월이 지나자
대지는 바닷속에서 떠올랐다.

END.

삽화 출처

1. 아우둠라의 우유를 마시는 이미르
Н. Альбигаард. Аудумла (ок. 1790 г.).
Пока Имир сосет вымя Аудумлы, корова вылизывает предка богов Бури.

2. 고 에다 표지
The front page of the 18th century Icelandic manuscript NKS 1867 4to.
Date : 1760. NKS 1867 4to, 2r. Digitized version available.

3. 신 에다 표지
Title page of a manuscript of the Prose Edda, showing Odin, Heimdallr, Sleipnir and other figures from Norse mythology.
18th century.
From the 18th century Icelandic manuscript ÍB 299 4to, page 58r, now in the care of the Icelandic National Library.

4. 이그드라실
Suomi: Viikinkien mytologian maailmanpuu Yggdrasil. 1600-luvun islantilaisen käsikirjoituksen kuvitusta.

5. 프리그와 오딘, 그리고 토르
To the left, Frigg with sword and bow; in the middle, Oden (Odin) with crown and spire, sitting on a throne; to the right, Tor (Thor) heavily armed.
Published in 1555.
"Historia de gentibus septentrionalibus", book 3. Olaus Magnus (1490–1557).

6. 묠니르를 만드는 두 난쟁이
Page 88 of Brown, Abbie Farwell (1902).
Elmer Boyd Smith (1860-1943).

7. 프레이야로 변장한 토르와 로키

Carl Larsson (1853-1919) and Gunnar Forssell (1859-1903) as described above. Photograph by User:Haukurth. Published in 1893.

8. 고양이를 들고 있는 토르

Thor tries to lift Jörmungandr in the guise of a cat.
Published in 1872. Gjøgleriet i Utgard (1872).

9. 토르의 예견된 죽음

Thor and Jörmungandr lay dead—having mutually killed one another during the events of Ragnarök—as foretold in Völuspá.
Published in Gjellerup, Karl (1895). Den ældre Eddas Gudesange.

10. 프레이의 상사병

The Elder or Poetic Edda; commonly known as Sæmund's Edda. Edited and translated with introduction and notes by Olive Bray. Illustrated by W.G. Collingwood (1908) Page 138.
W.G. Collingwood (1854-1932)

11. 프레이야와 난쟁이

Freyja in the dwarfs' cave (the title given to this illustration in the book)
Published in 1891
The Heroes of Asgard : Tales from Scandinavian Mythology / by A. & E. Keary with illustrations by Huard.
this specific image was obtained from http://www.mainlesson.com/books/keary/asgard/front3.gif

12. 발할라

John Charles Dollman (1851–1934).
Published in 1909.
Guerber, H. A. (Hélène Adeline) (1909). Myths of the Norsemen from the

Eddas and Sagas. London : Harrap. This illustration facing page 176.

13. 금화를 지키는 파프니르

Arthur Rackham (1867–1939).

The dragon Fafnir guards the gold hoard.

Illustration to Richard Wagner's Siegfried.

from Wagner, Richard (translated by Margaret Amour) (1911).

14. 아에기르

No caption, but the illustration is put beside a head title which reads "Ægir's Feast", indicating that the illustration depicts Ægir.

Published in 1901.

Foster, Mary H. 1901. Asgard Stories: Tales from Norse Mythology. Silver, Burdett and Company. Page 89.

15. 문 앞에 선 낯선 이, 오딘

Illustration to Hávamál. The list of illustrations in the front matter of the book gives this one the title The Stranger at the Door.

The Elder or Poetic Edda; commonly known as Sæmund's Edda. Edited and translated with introduction and notes by Olive Bray. Illustrated by W.G. Collingwood (1908) Page 60.

16. 펜리르의 입을 찢어 죽이는 비다르

An illustration of Víðarr stabbing Fenrir while holding his jaws apart (by W. G. Collingwood, inspired by the Gosforth Cross, 1908)

The Elder or Poetic Edda; commonly known as Sæmund's Edda. Edited and translated with introduction and notes by Olive Bray. Illustrated by W.G. Collingwood (1908) Page 38.

17. 애시르의 몰락

Captioned as "Der Asen Untergang". "The downfall of the Æsir". The heavens split and the "Sons of Múspell" ride forth upon the Æsir at Ragnarök as described in Gylfaginning chapter 51.

Wägner, Wilhelm. 1882. Nordisch-germanische Götter und Helden. Otto Spamer, Leipzig & Berlin. Page 319.

18. 파멸할 운명의 신들

Kampf der untergehenden Götter

Wägner, Wilhelm. 1882. Nordisch-germanische Götter und Helden. Otto Spamer, Leipzig & Berlin. Page 317.

Friedrich Wilhelm Heine (1845-1921).

이 책에 나오는 삽화들은 퍼블릭 도메인(public domain)으로 자유 이용 저작물입니다. 자유 이용 저작물이란 저작권(저작재산권)이 소멸하였거나 저작자가 저작권(저작재산권)을 포기한 저작물을 말합니다.

대한민국의 경우 저작권(저작재산권)의 유효기간이 경과하면, 저작권(저작재산권)이 소멸하여 퍼블릭 도메인이 됩니다. 이는 저작권법 제39조와 제40조에서 규정하고 있습니다. 가장 중요한 것은 저작자 사망 후 70년이 지나면 저작권(저작재산권)이 소멸한다는 것입니다.

참고 문헌

북유럽 신화(닐 게이먼 저, 박선령 역) / 나무의철학 / 2019년
처음 만나는 북유럽 신화(이경덕 저) / 원더박스 / 2018년
북유럽 신화 바이킹의 신들(케빈 크로슬리-홀런드 저, 서미석 역) / 현대지성 / 2016년
북유럽 신화, 재밌고도 멋진 이야기(헬렌 A. 거버 저, 김혜연 역) / 책읽는귀족 / 2015년

참고 사이트

북유럽 사회와 문화(한국외국어대학교 김기수 교수)
(http://www.kocw.net/home/cview.do?kemId=1054786)